La Vita È Migliore Con Le Farfalle

LIBRO DA COLORARE ADULTO FARFALLE EDITION

Coloring Bandit

Pubblicato da Speedy Publishing Canada Limited

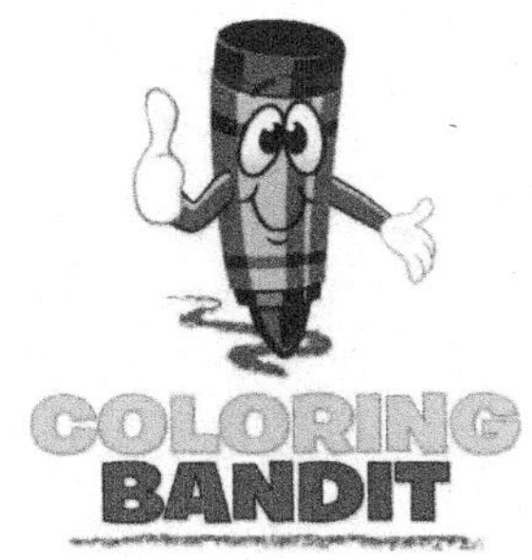

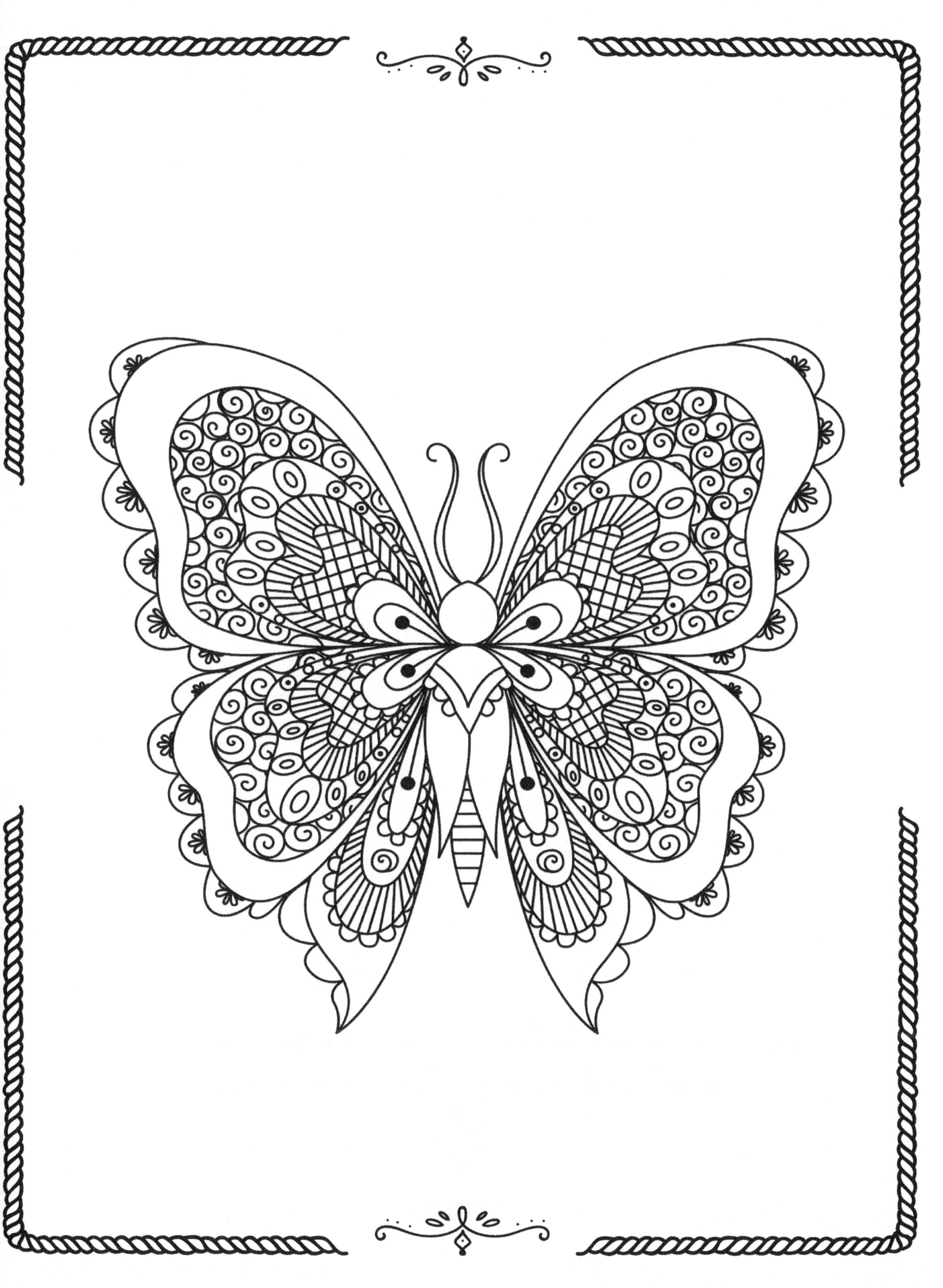

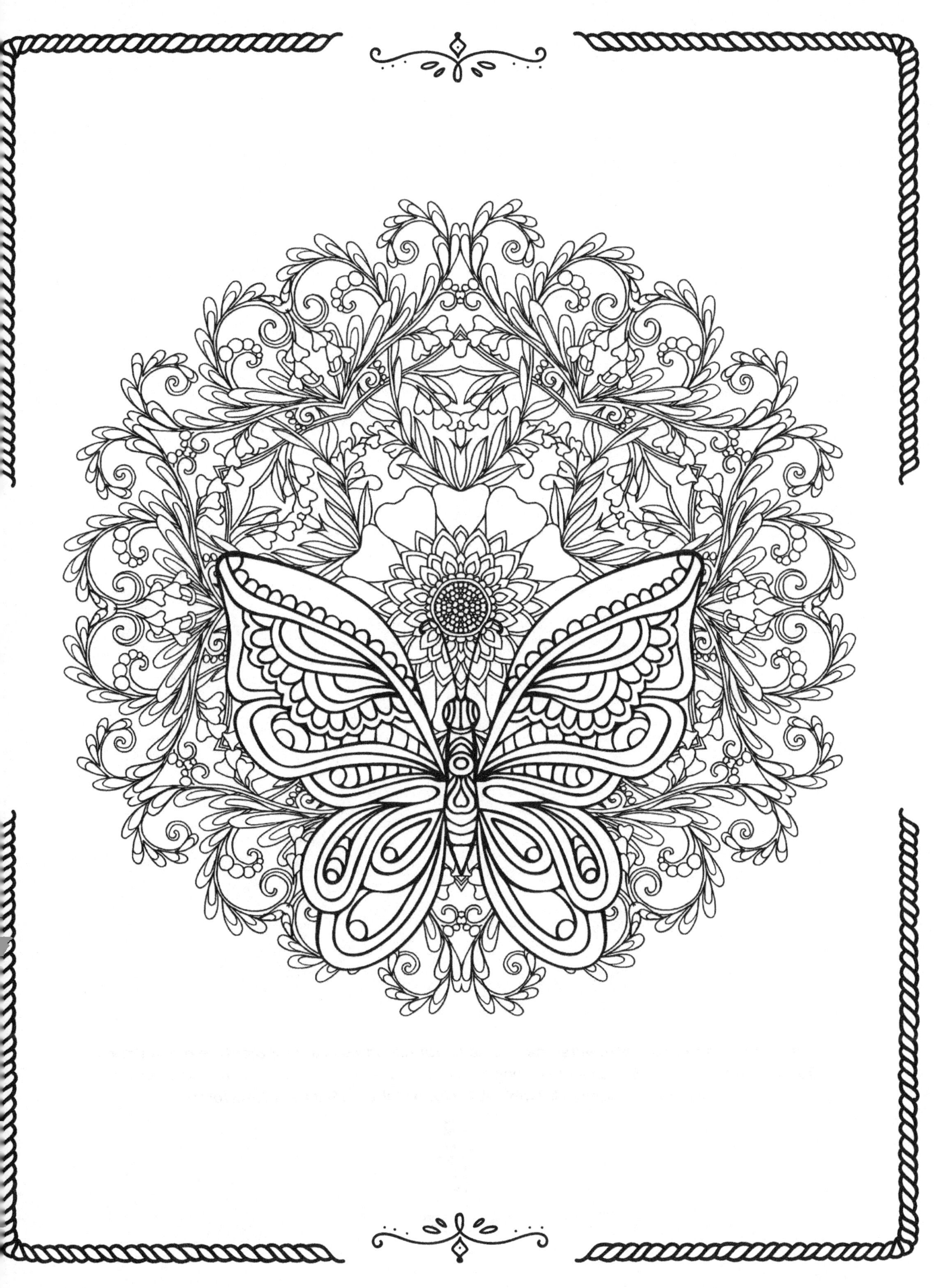

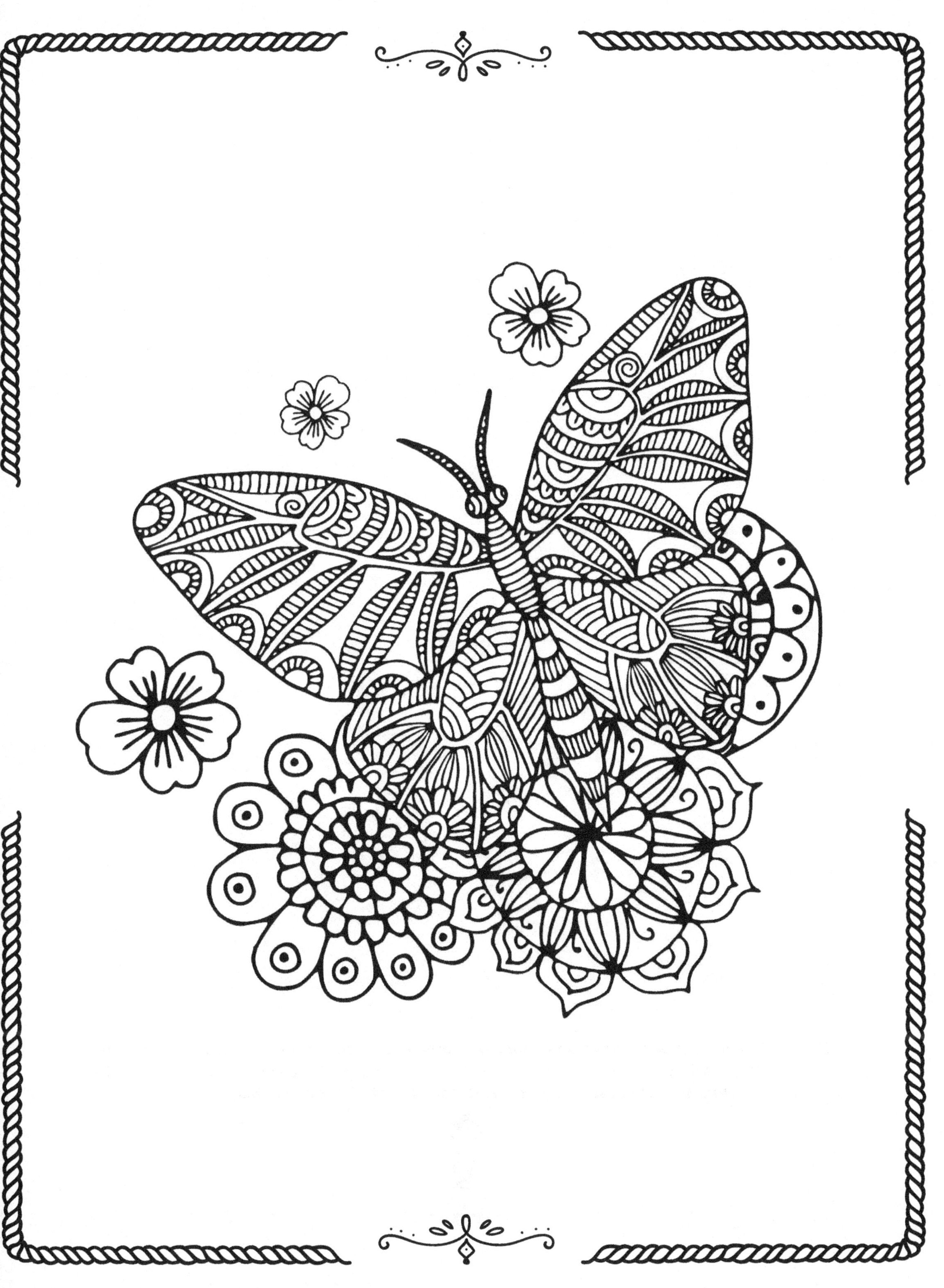

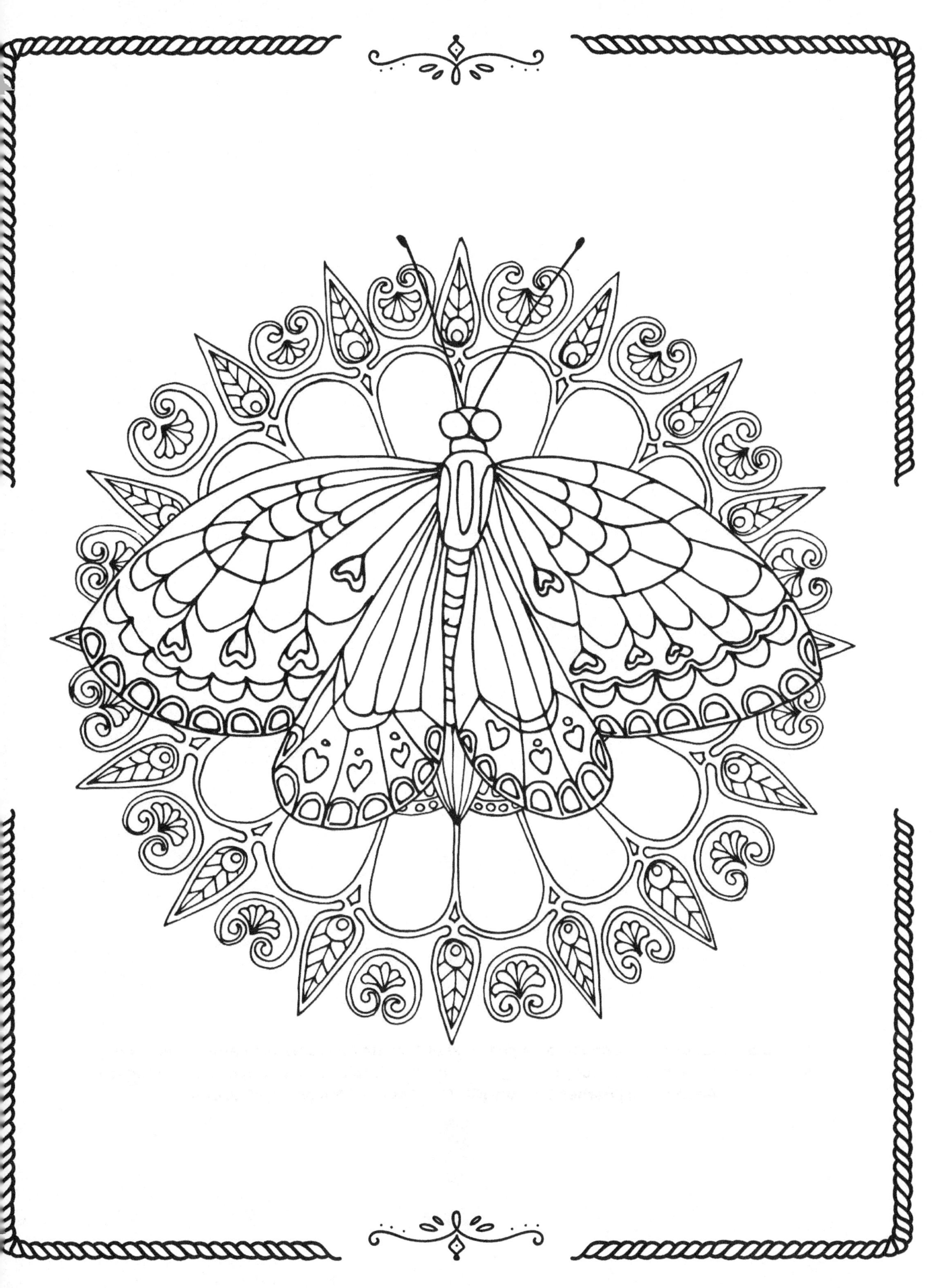

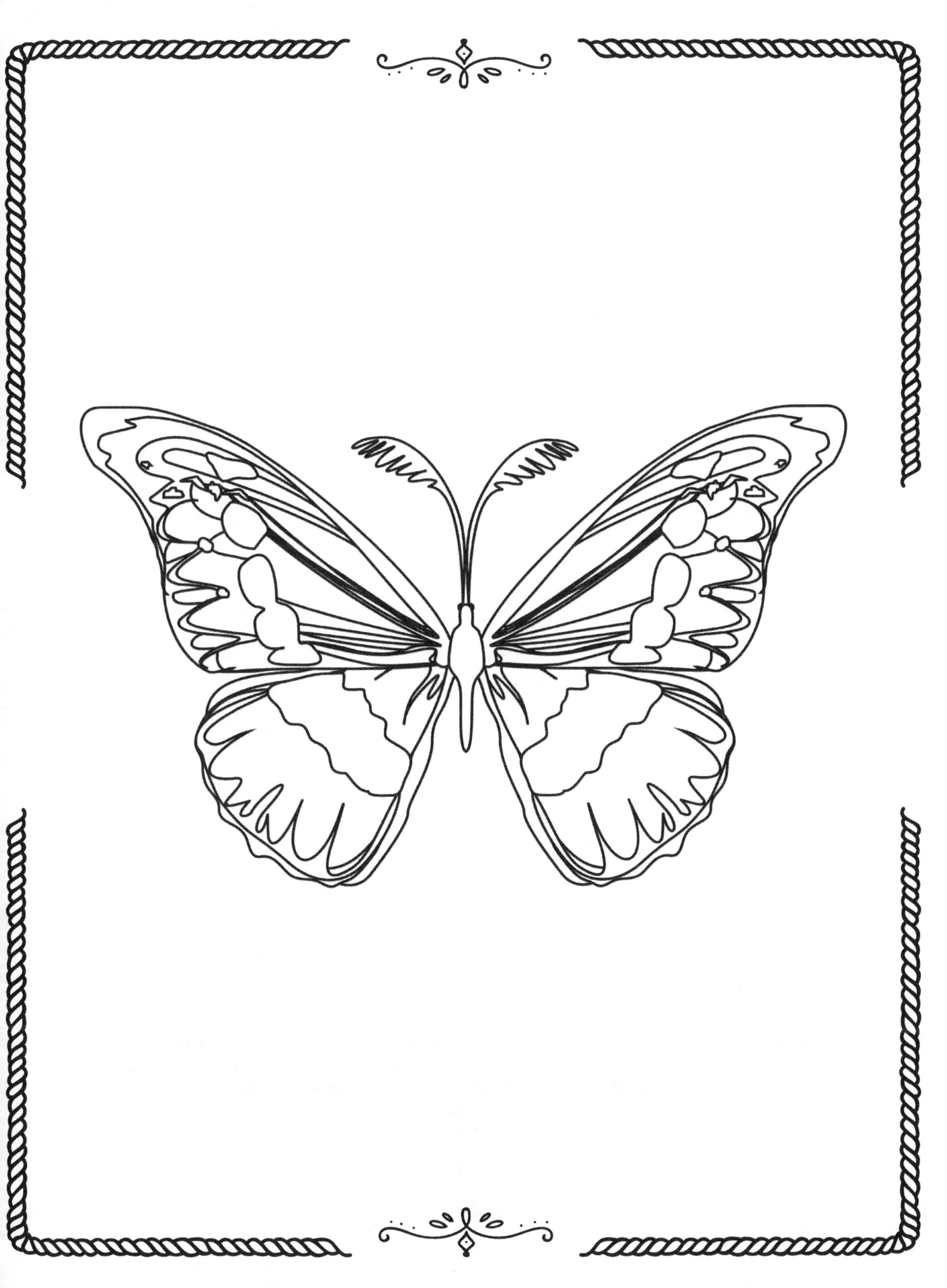

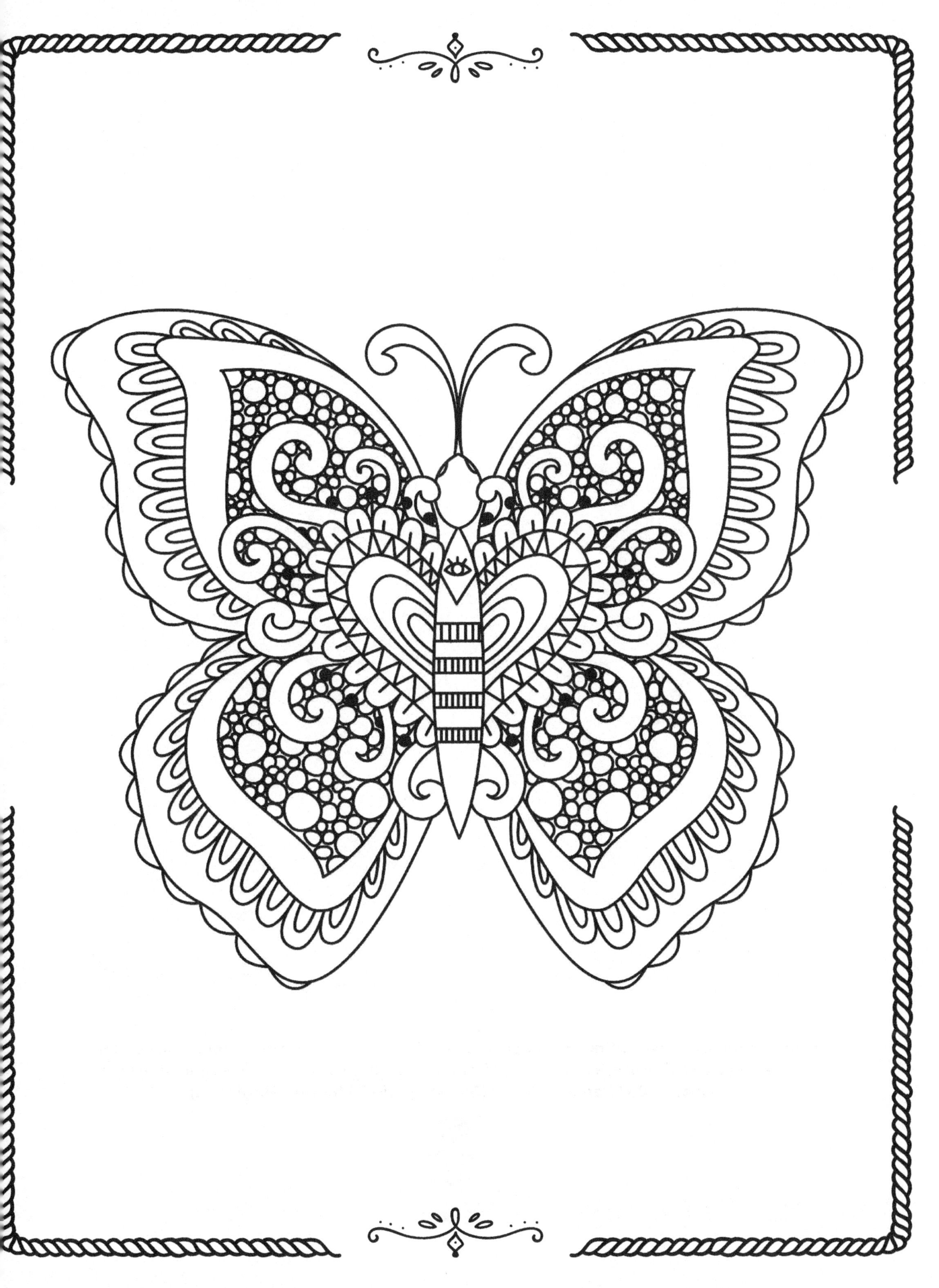

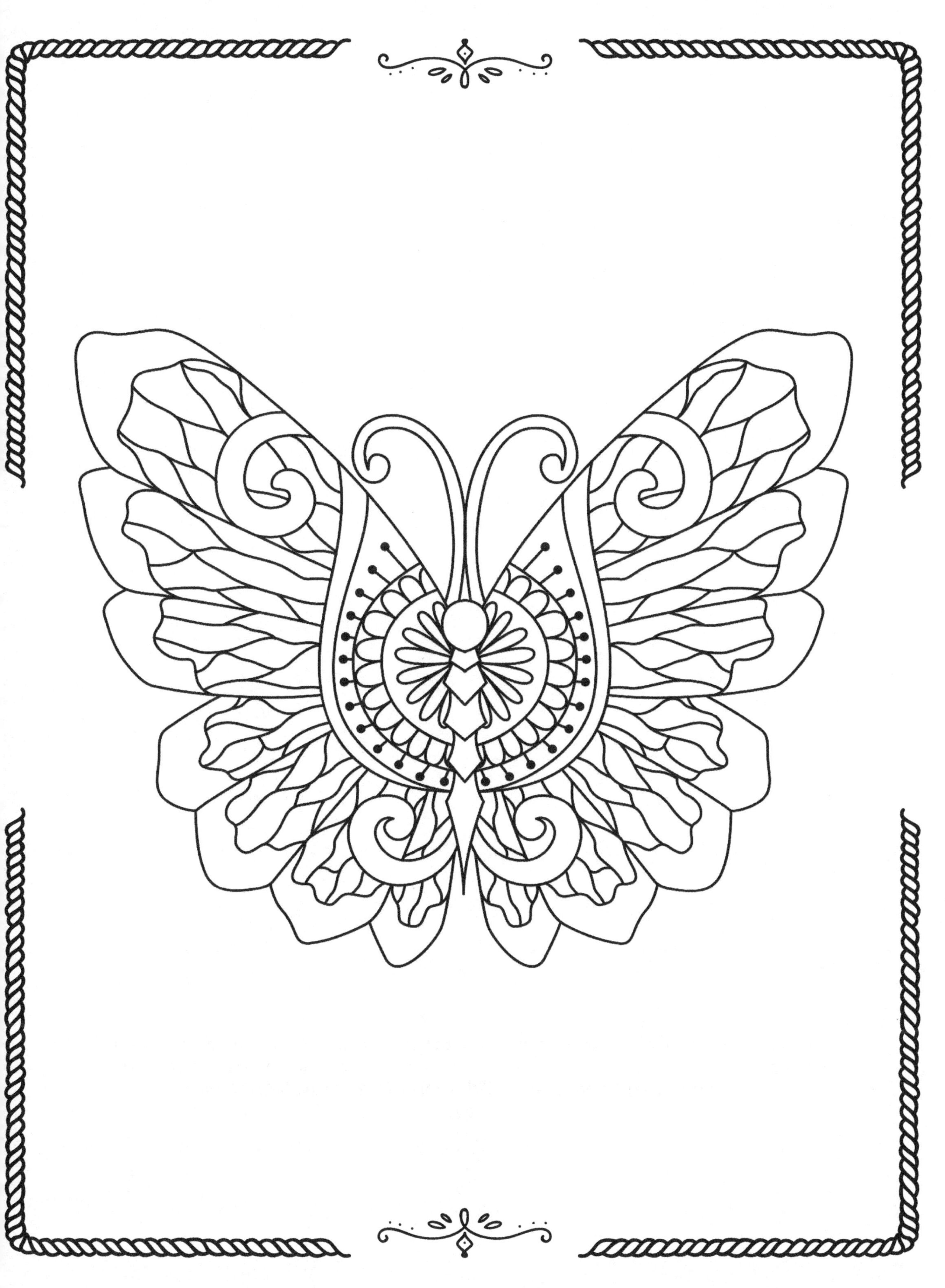

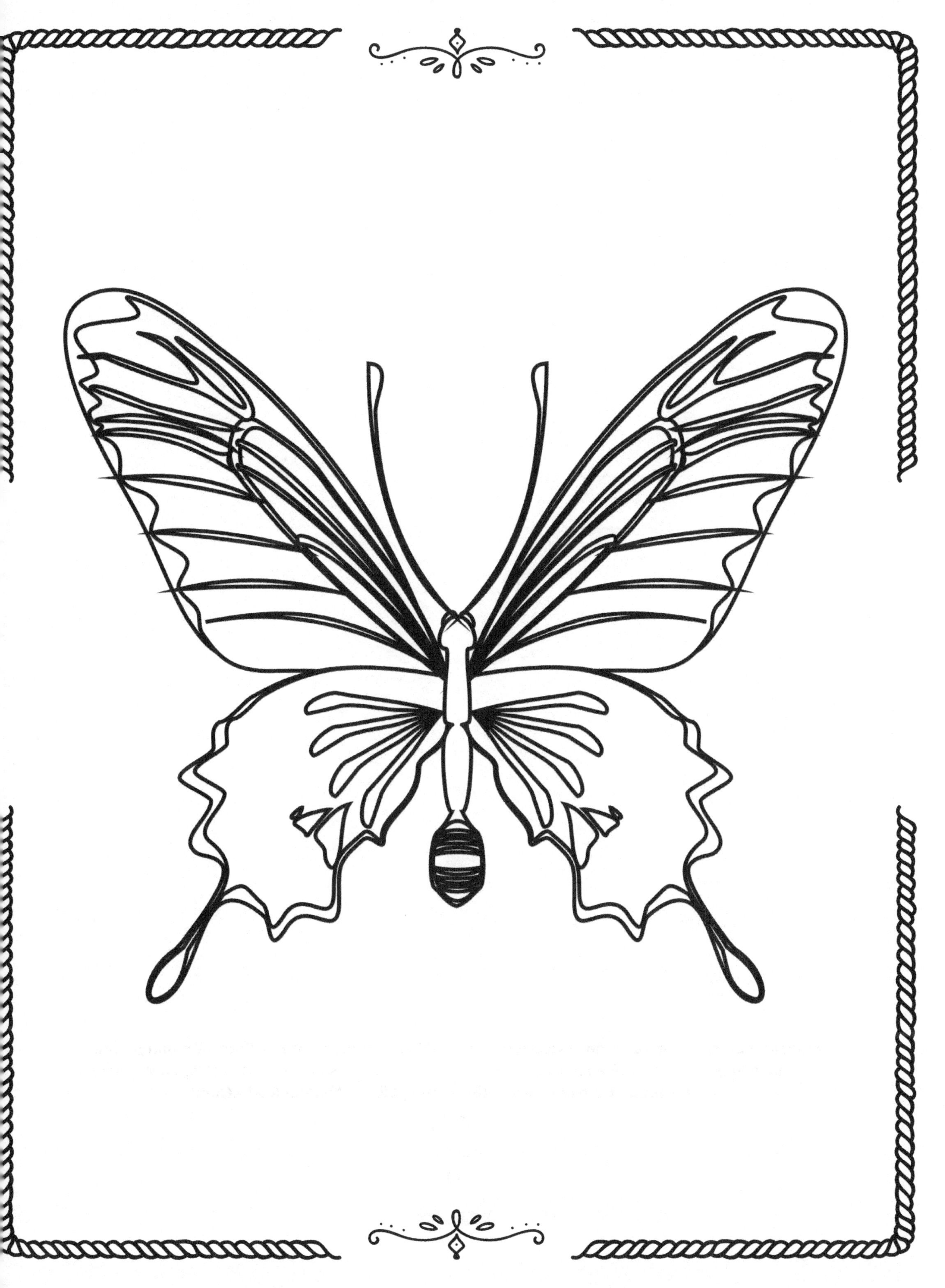

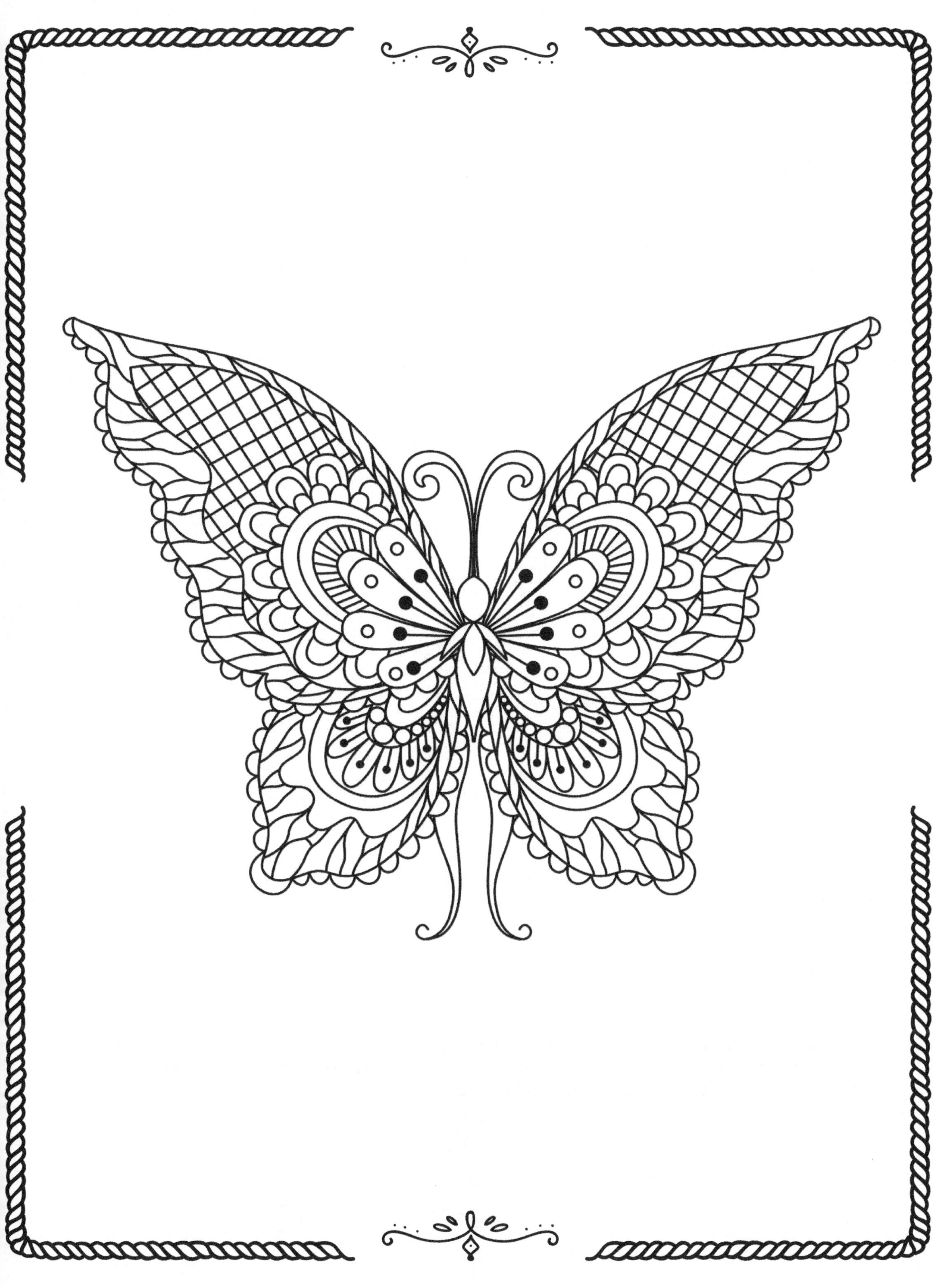

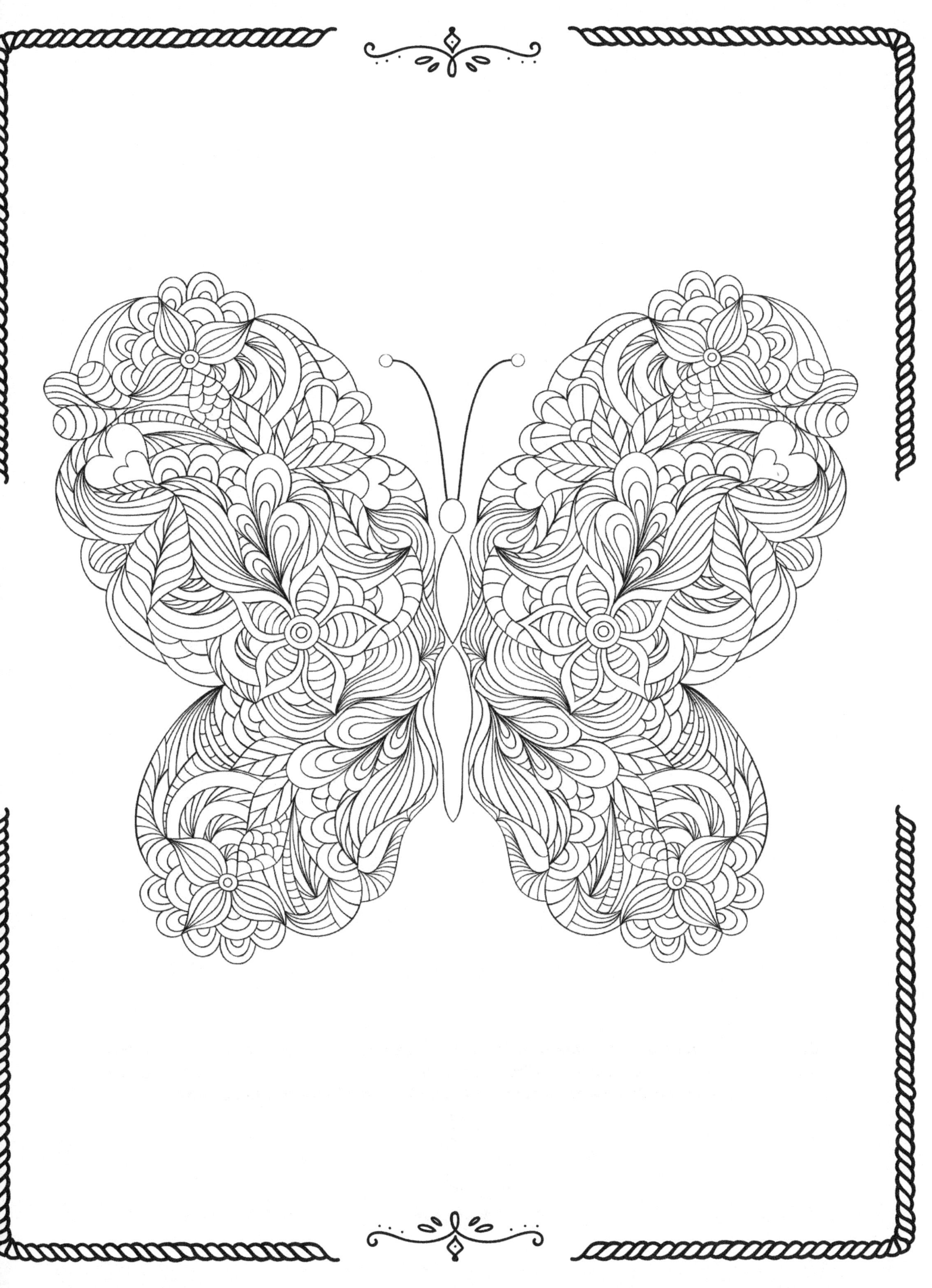

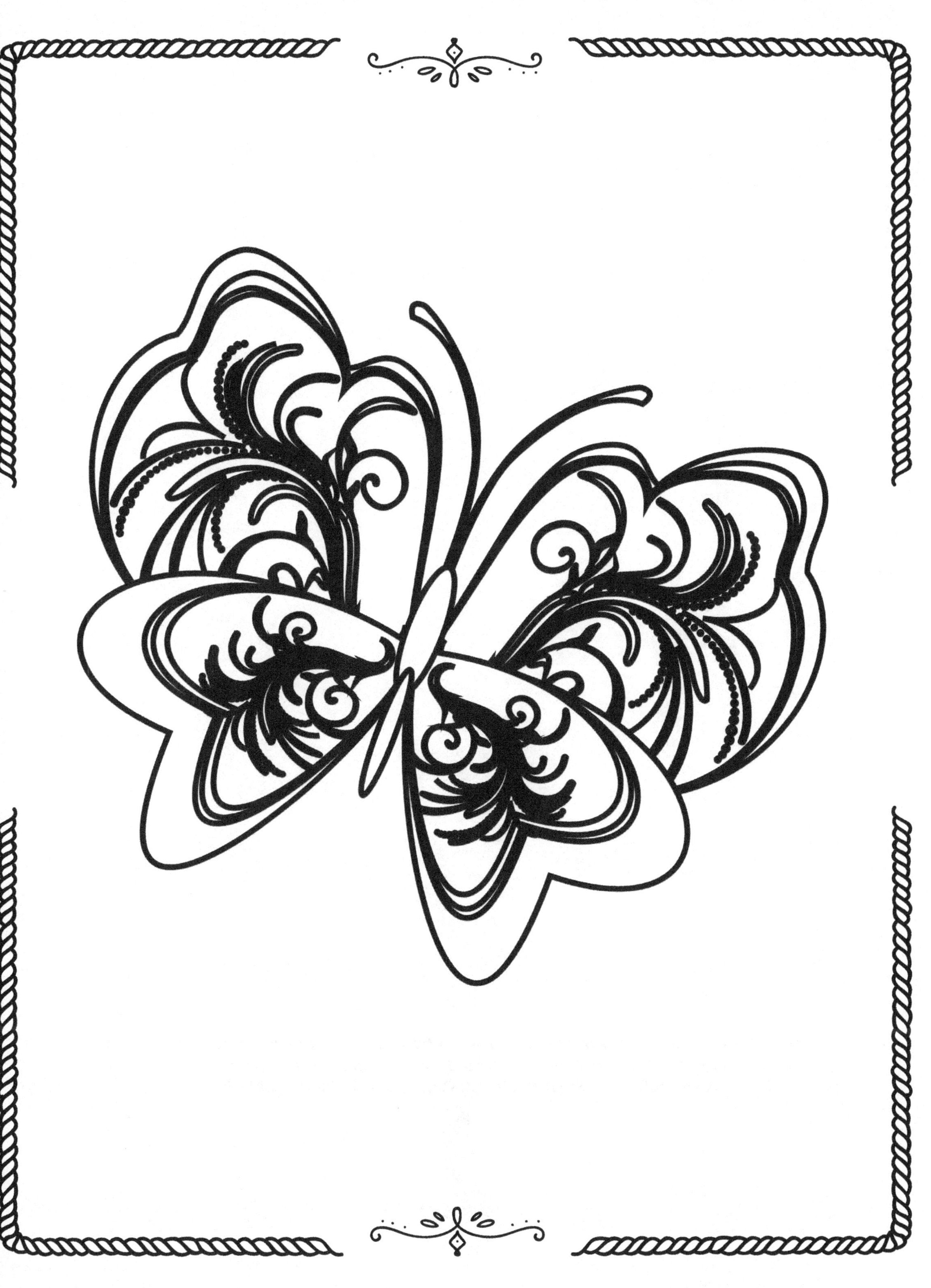

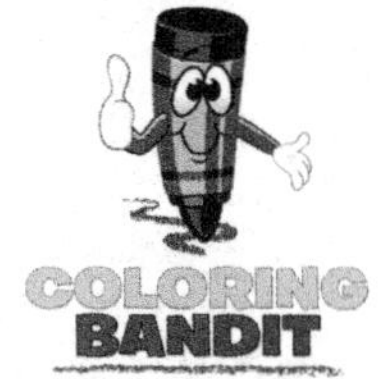

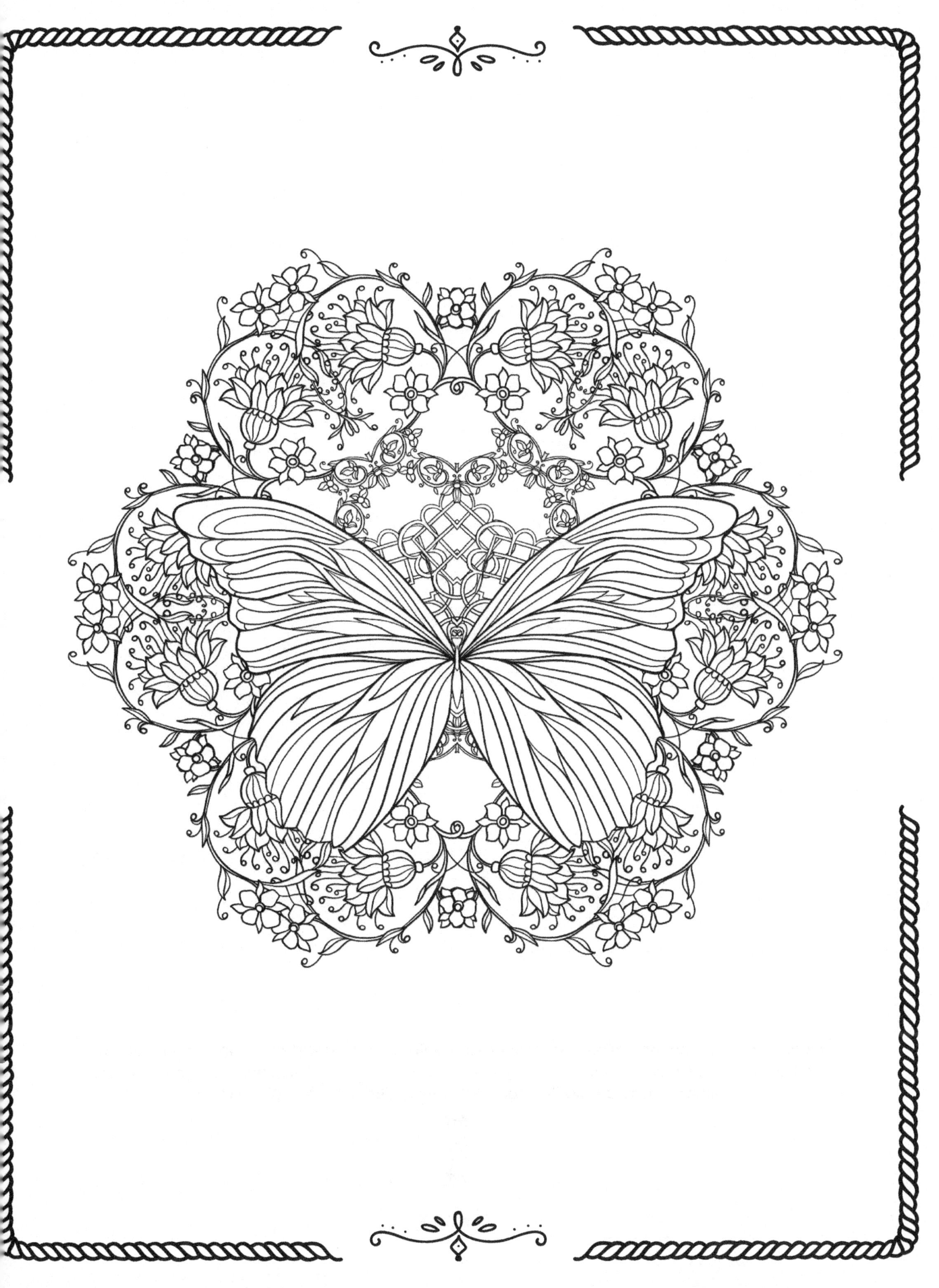

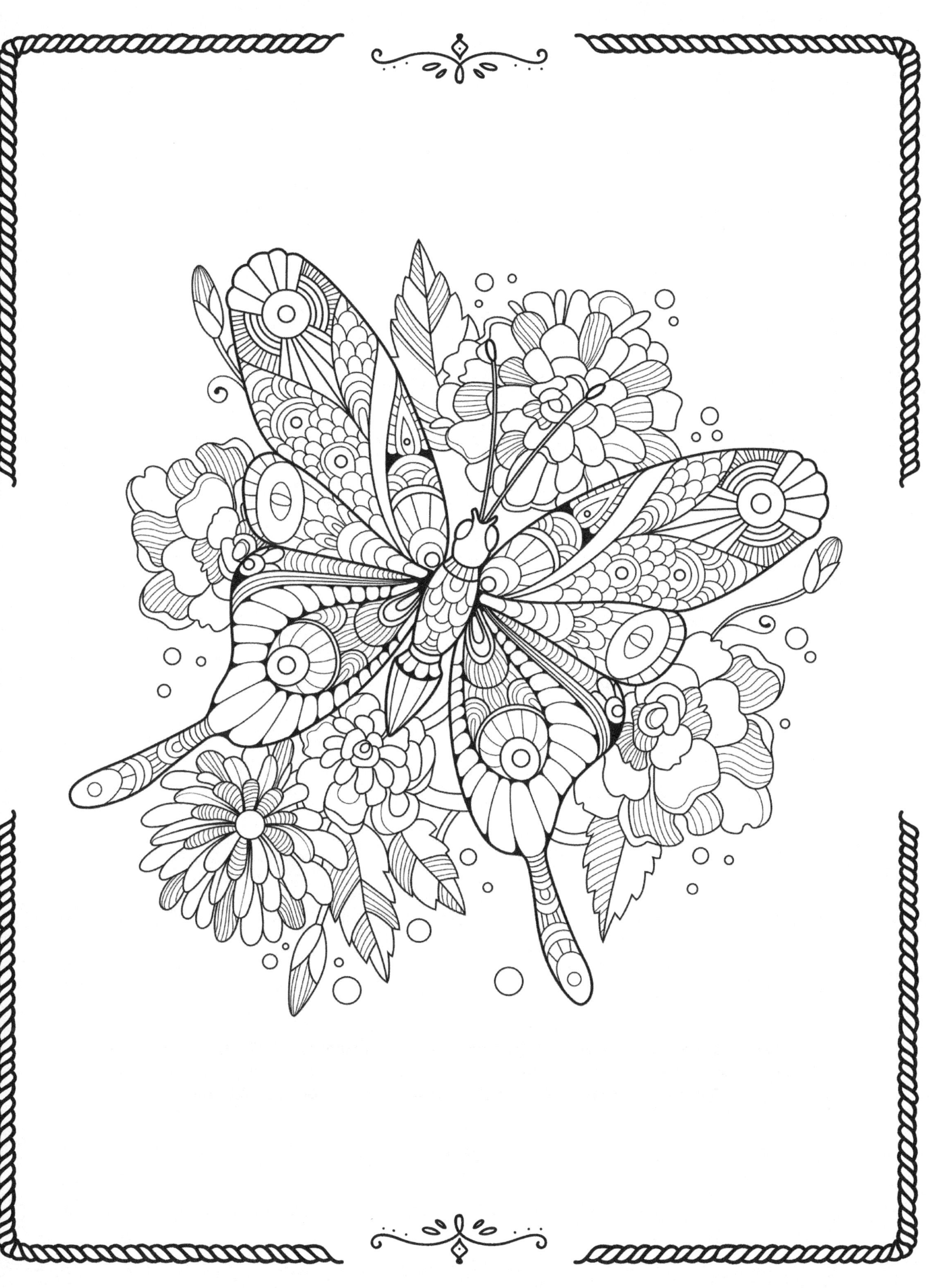

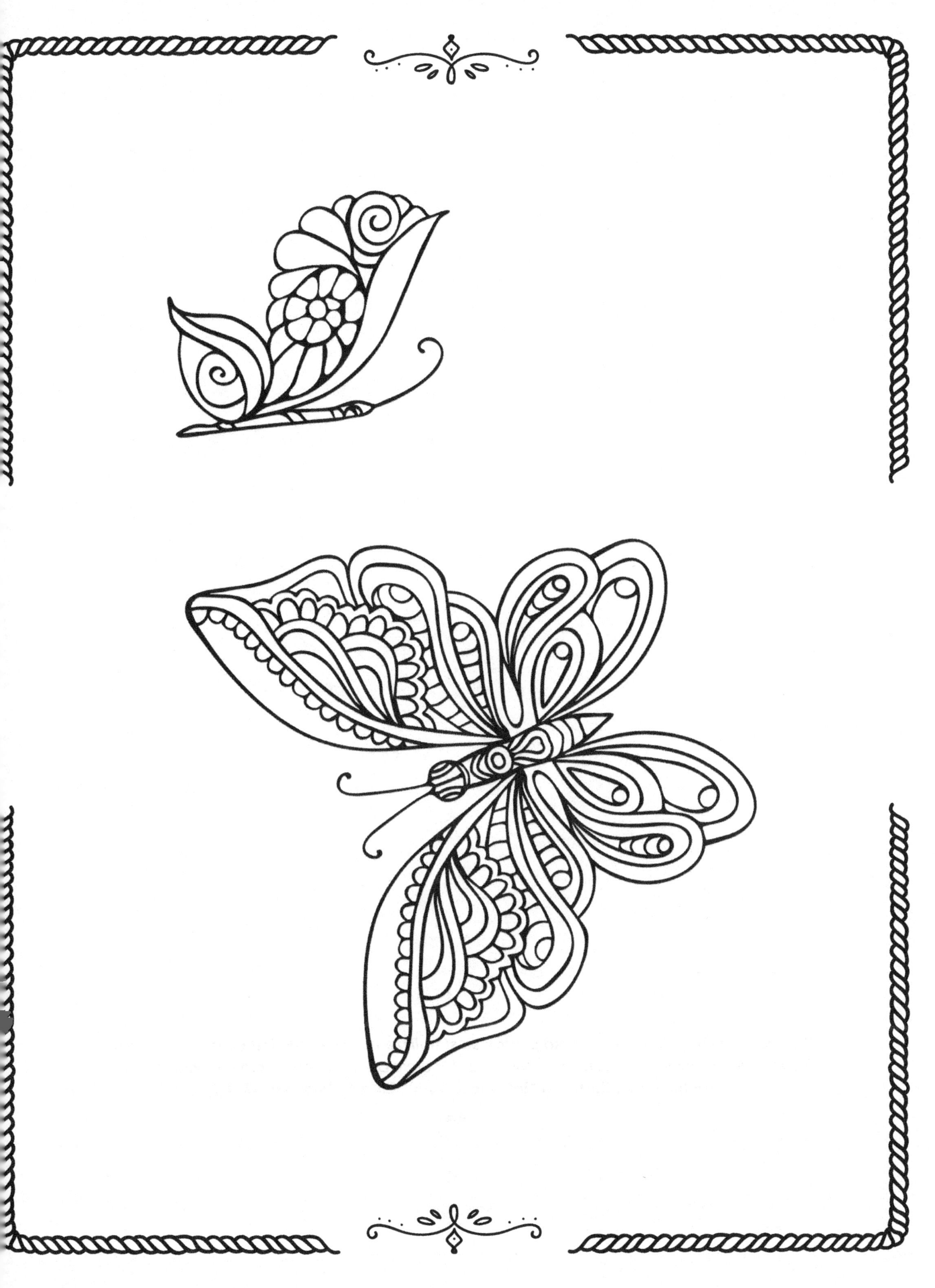

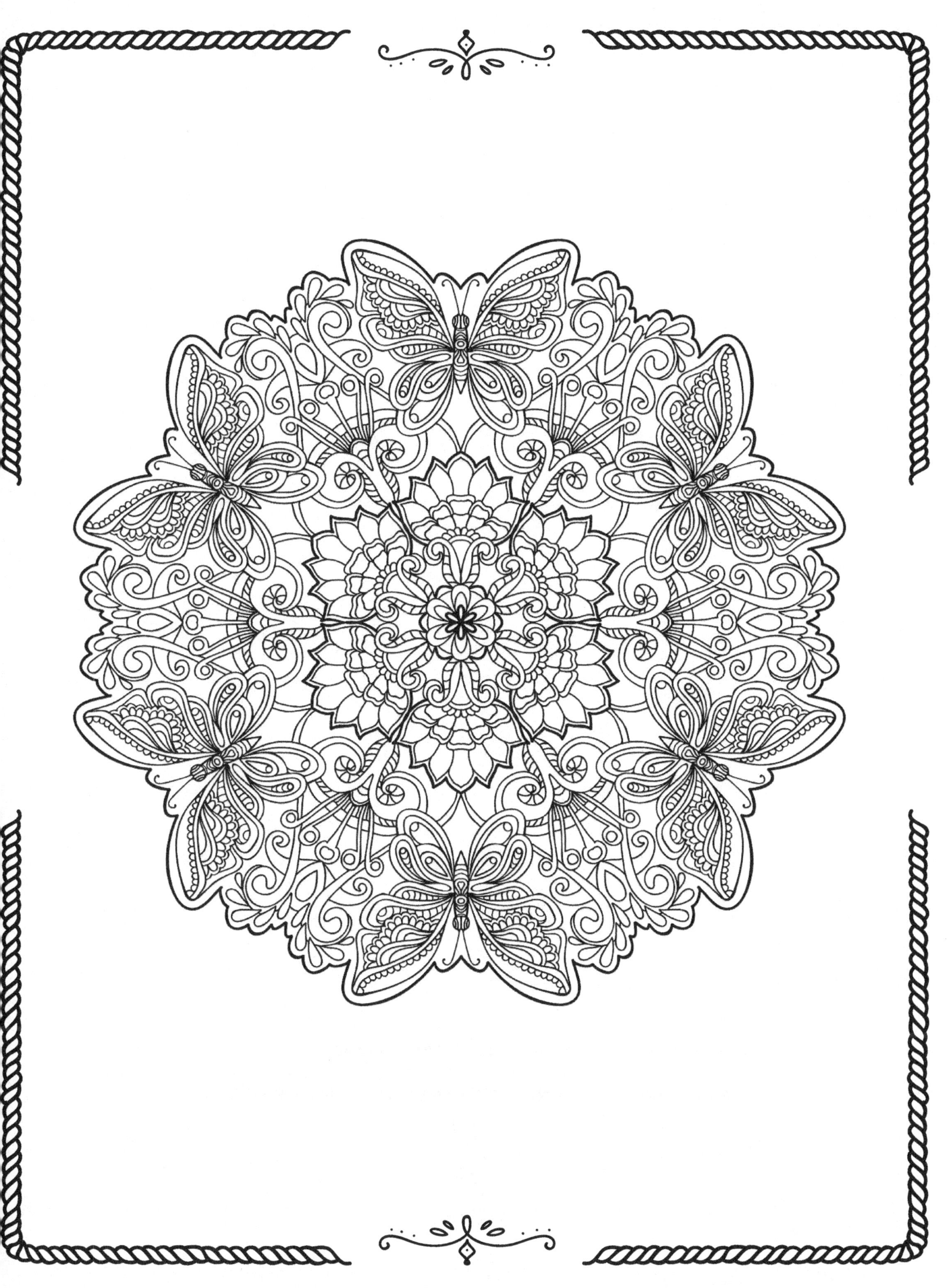

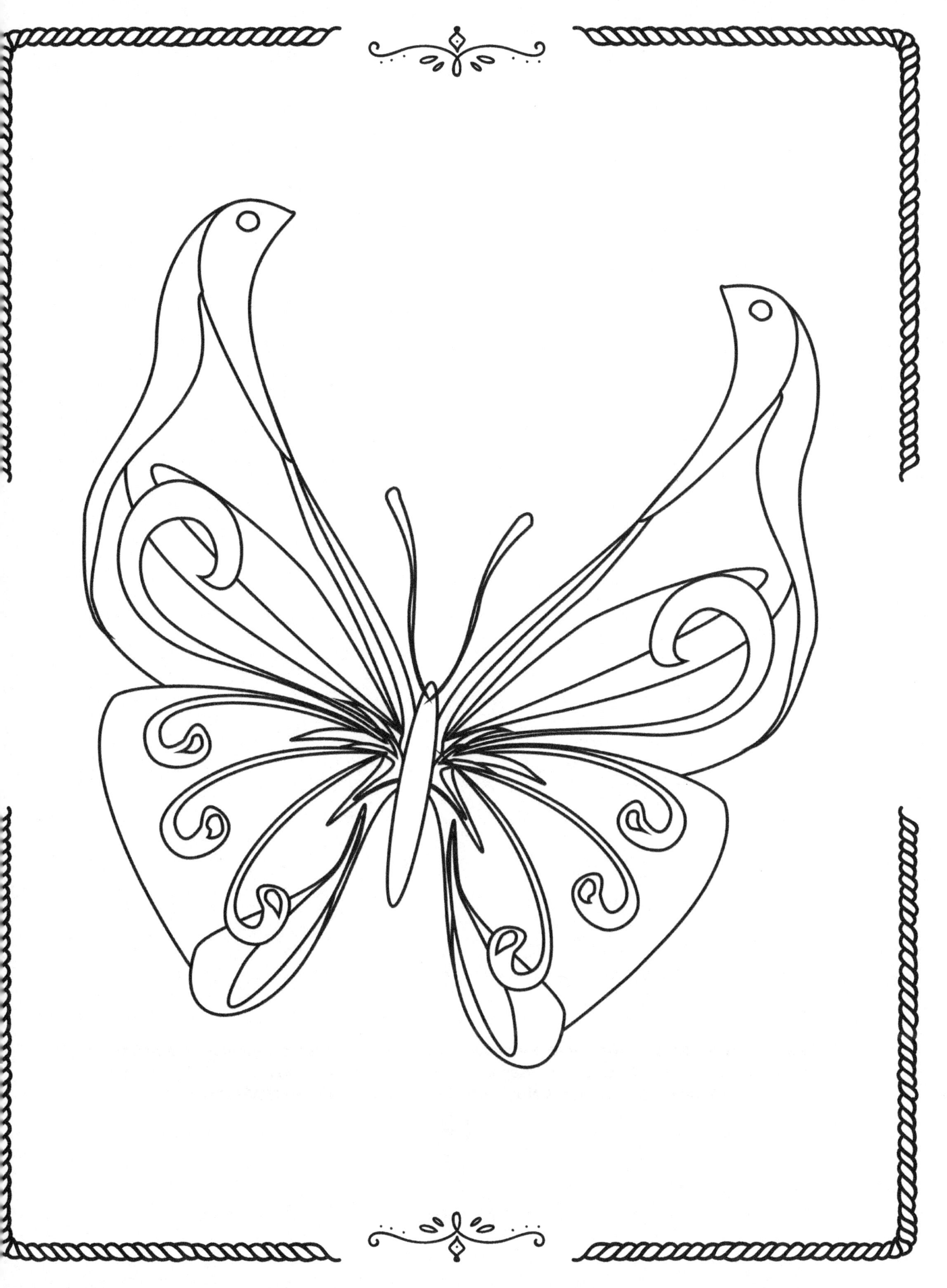

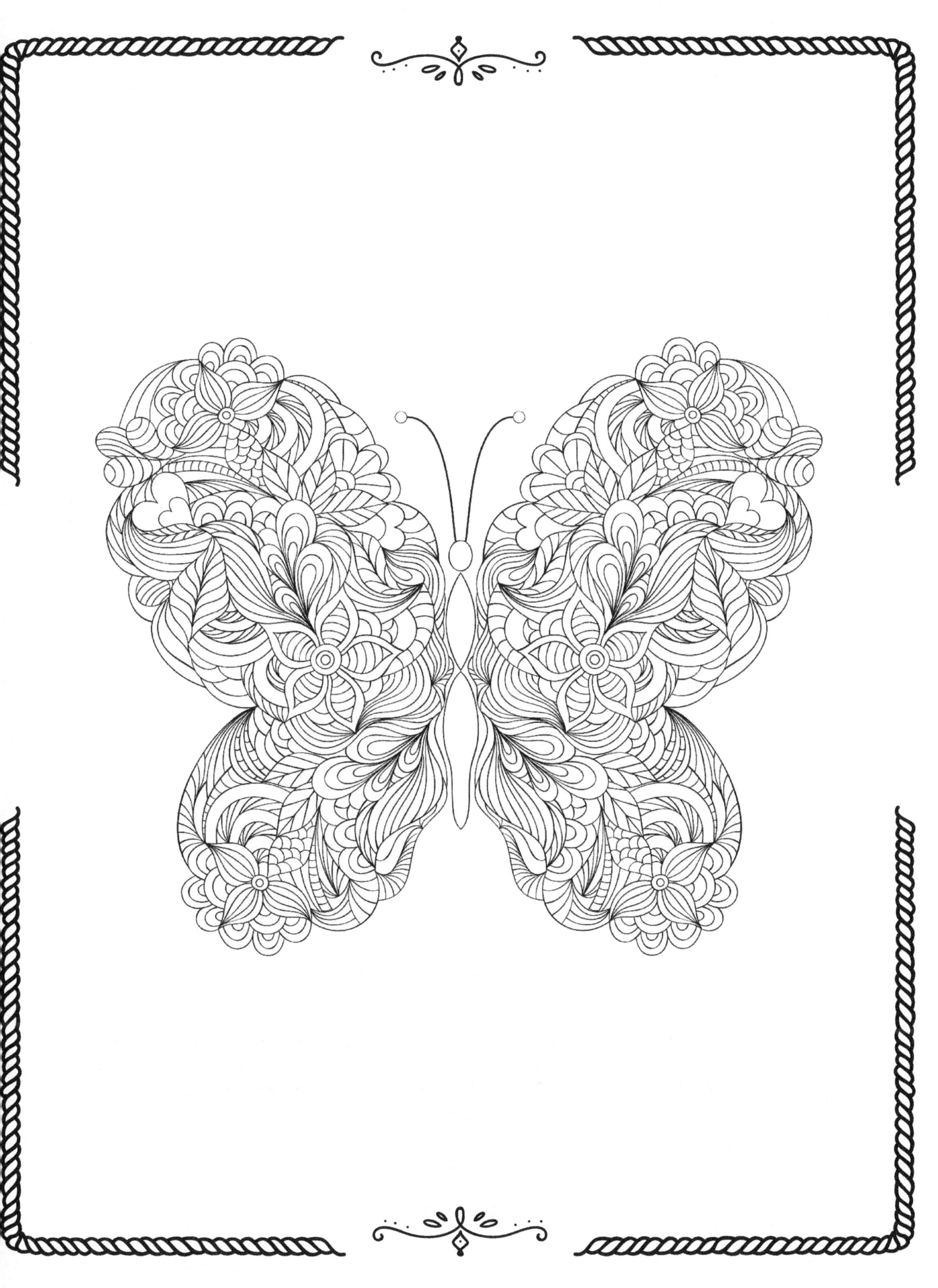

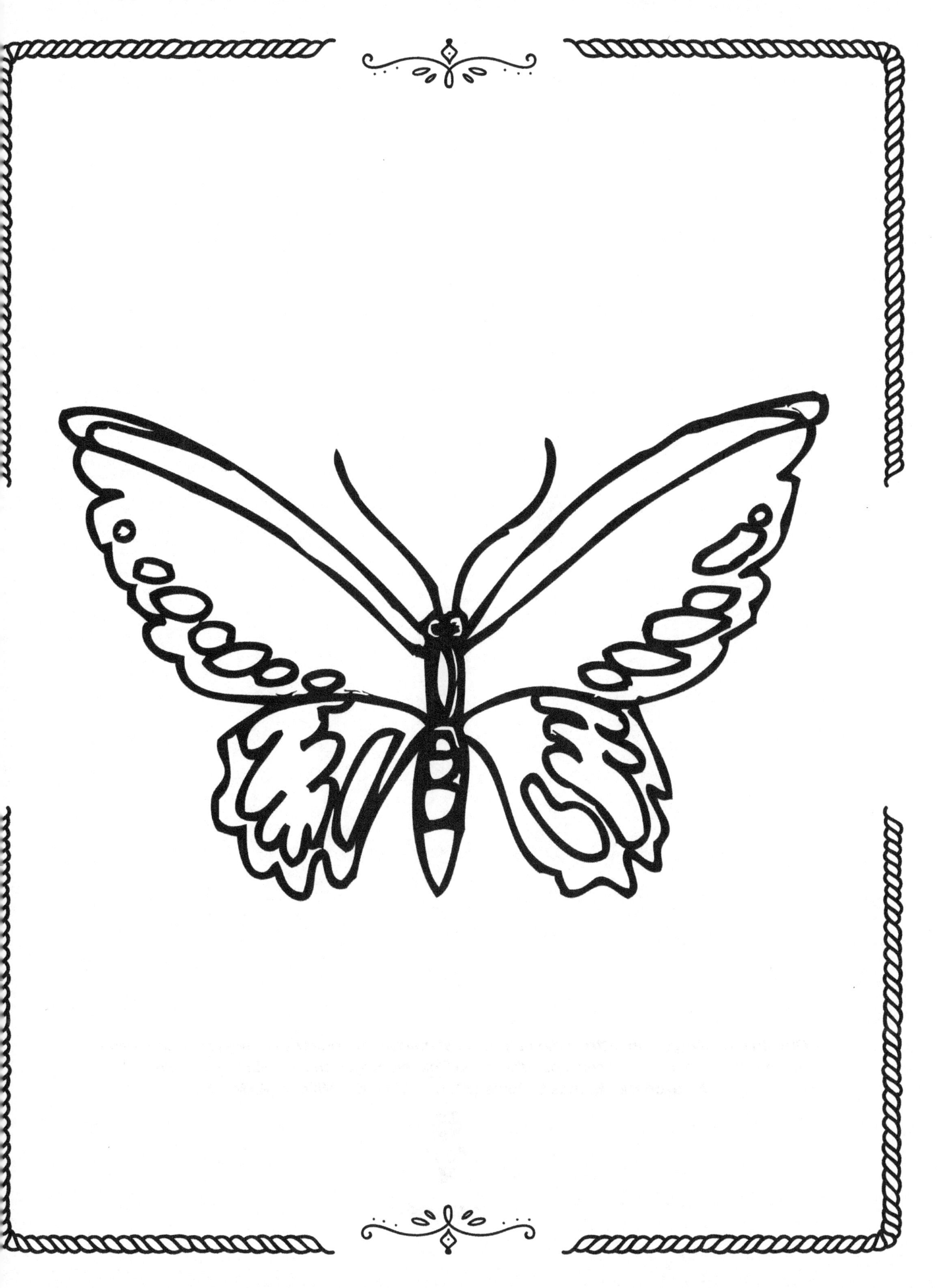

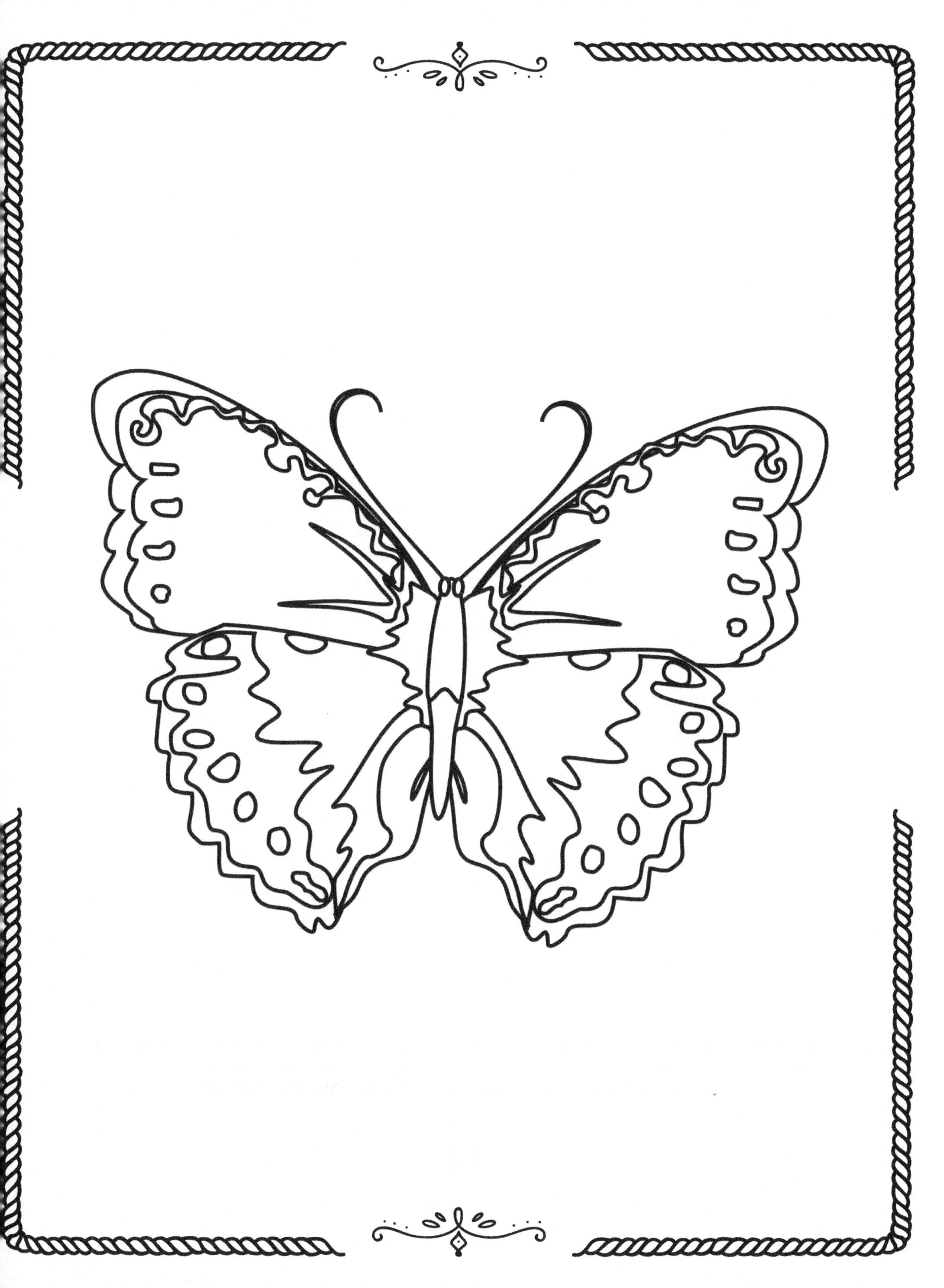

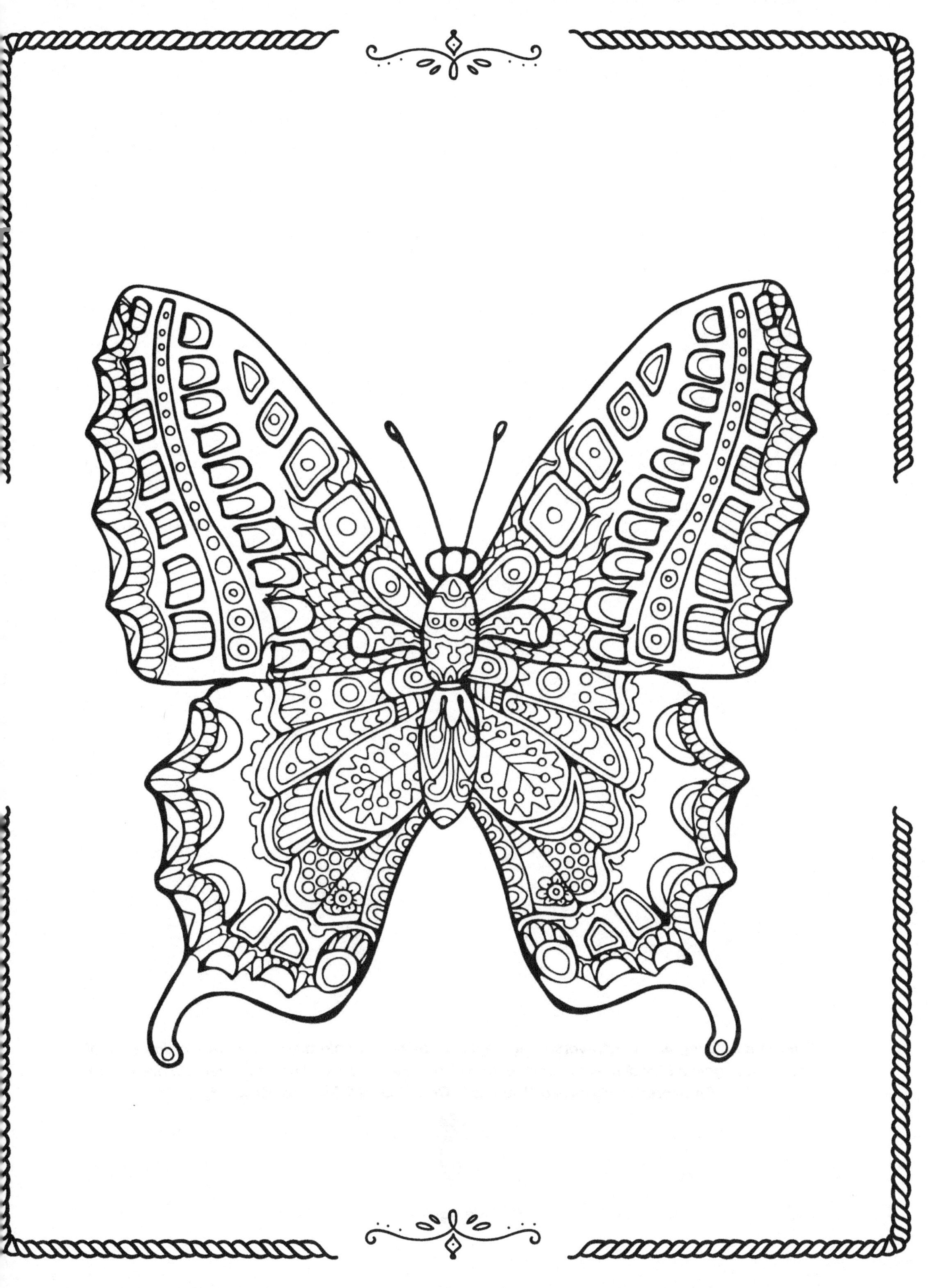

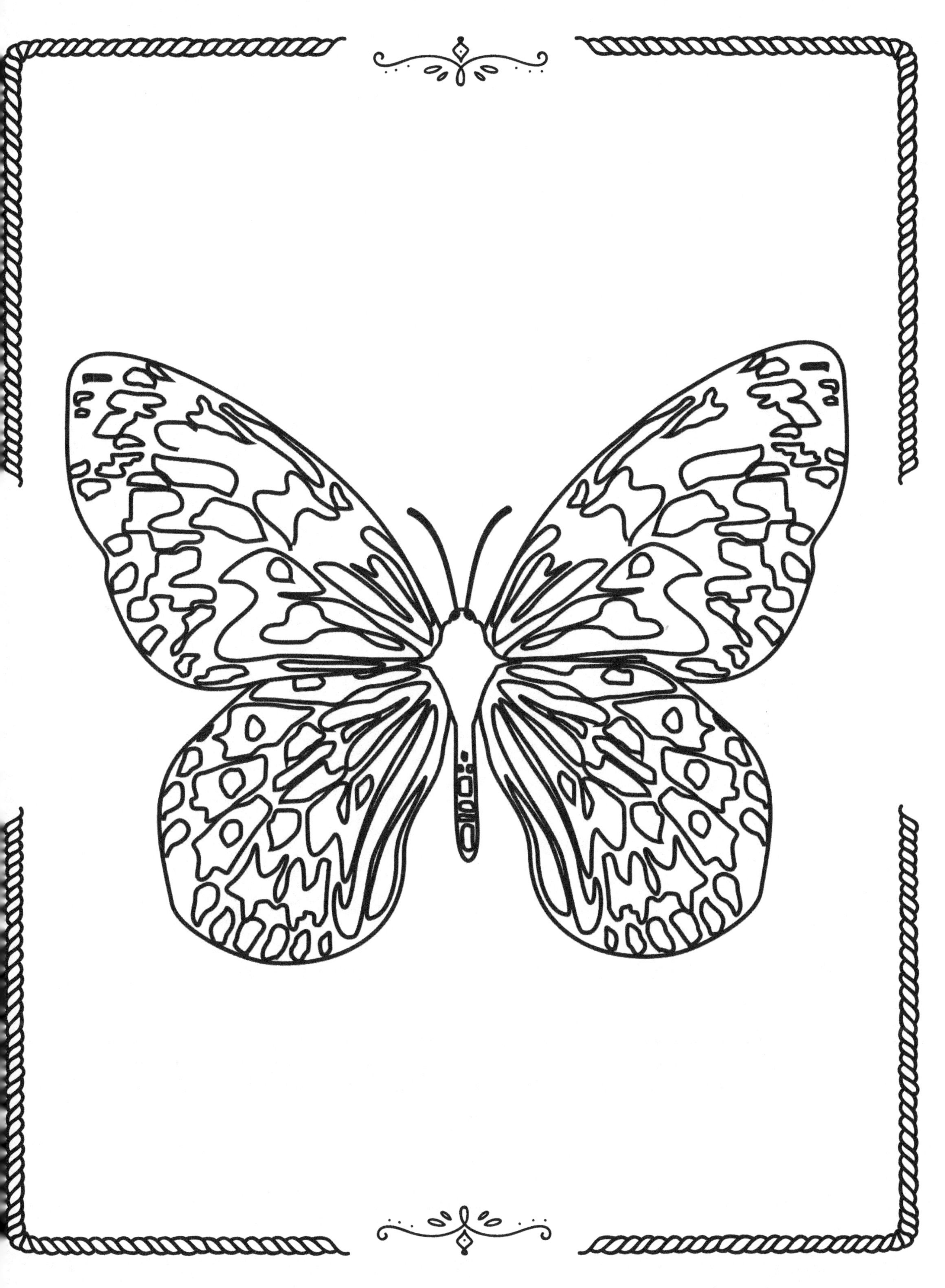

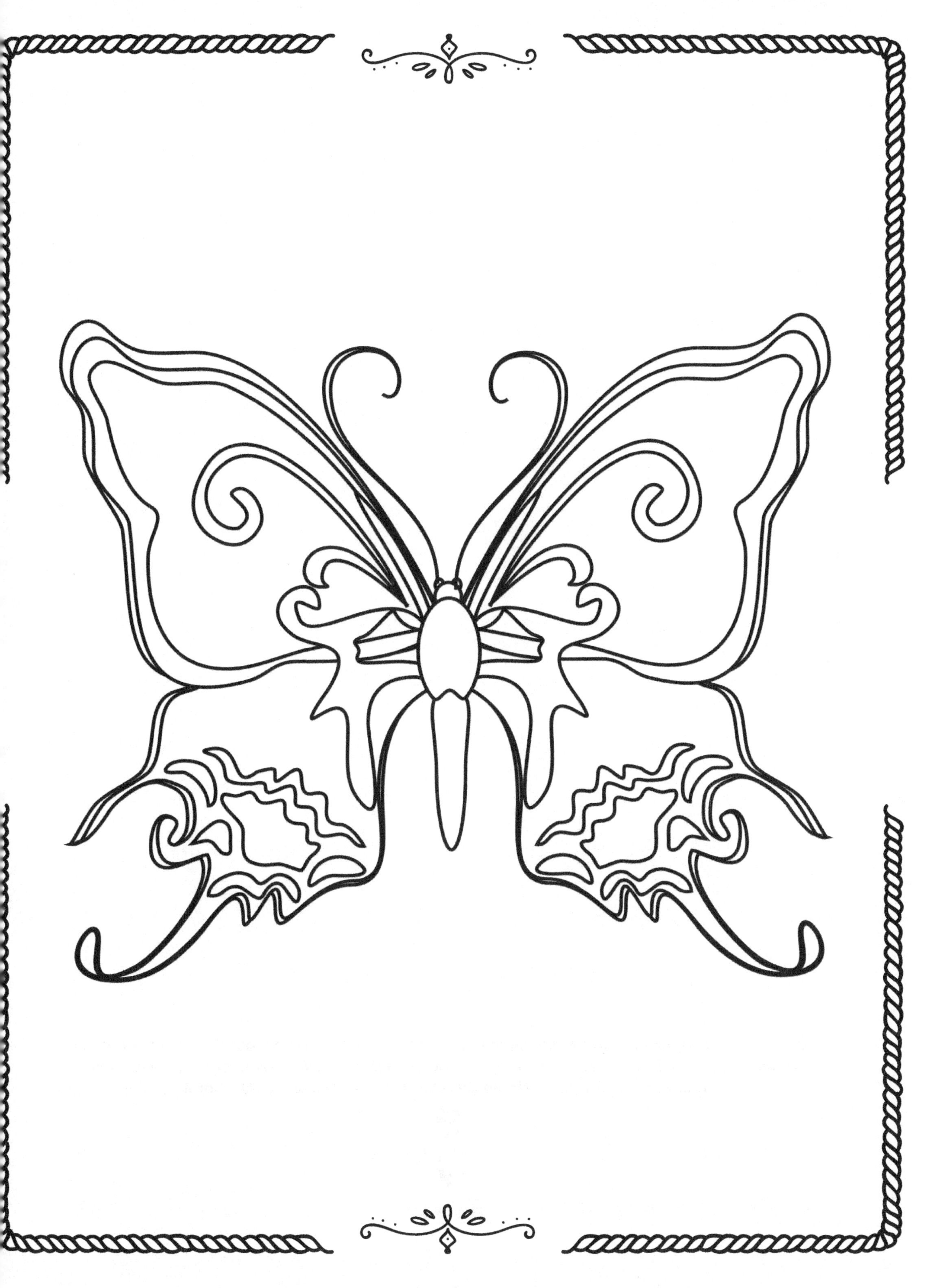

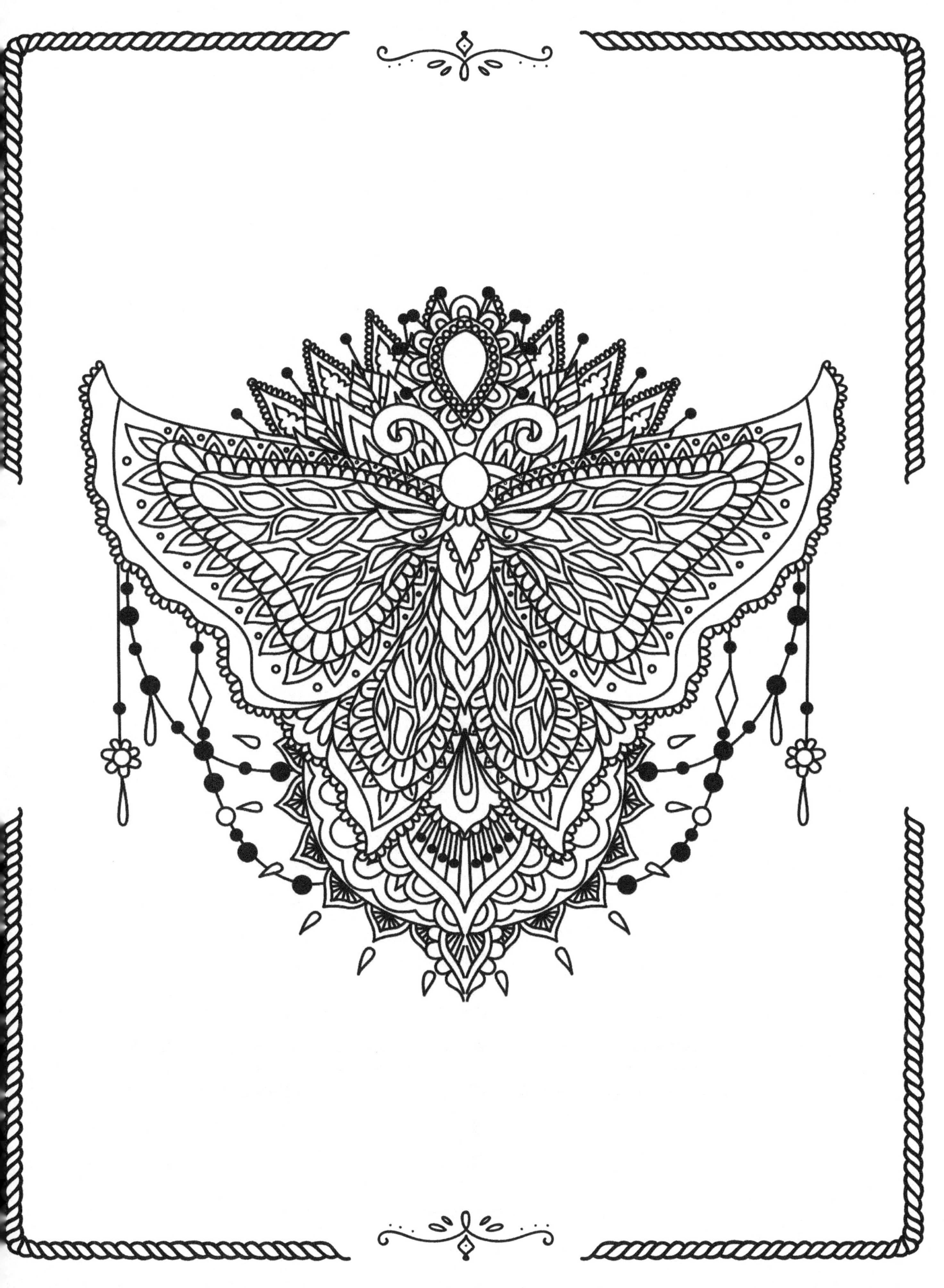

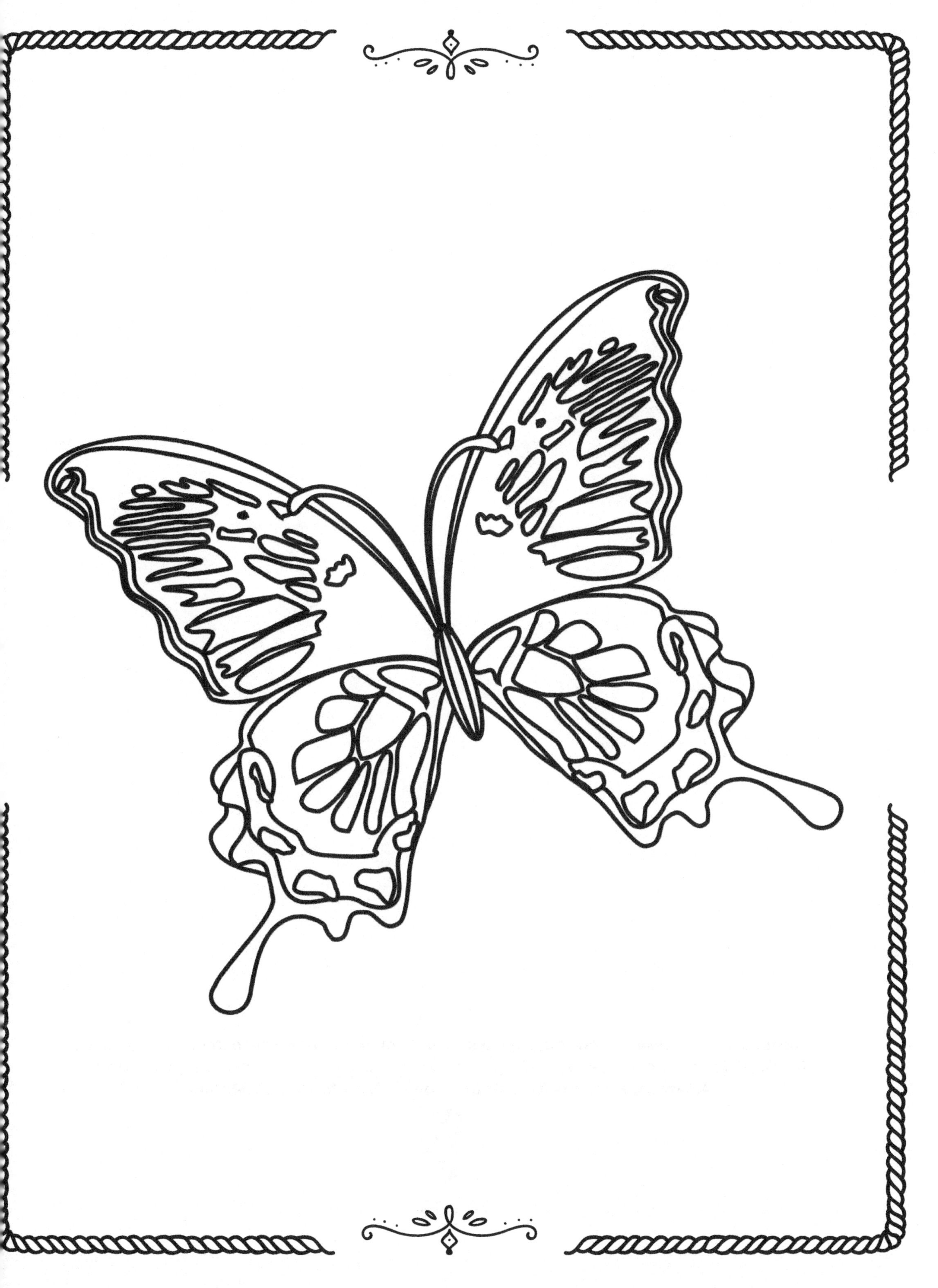

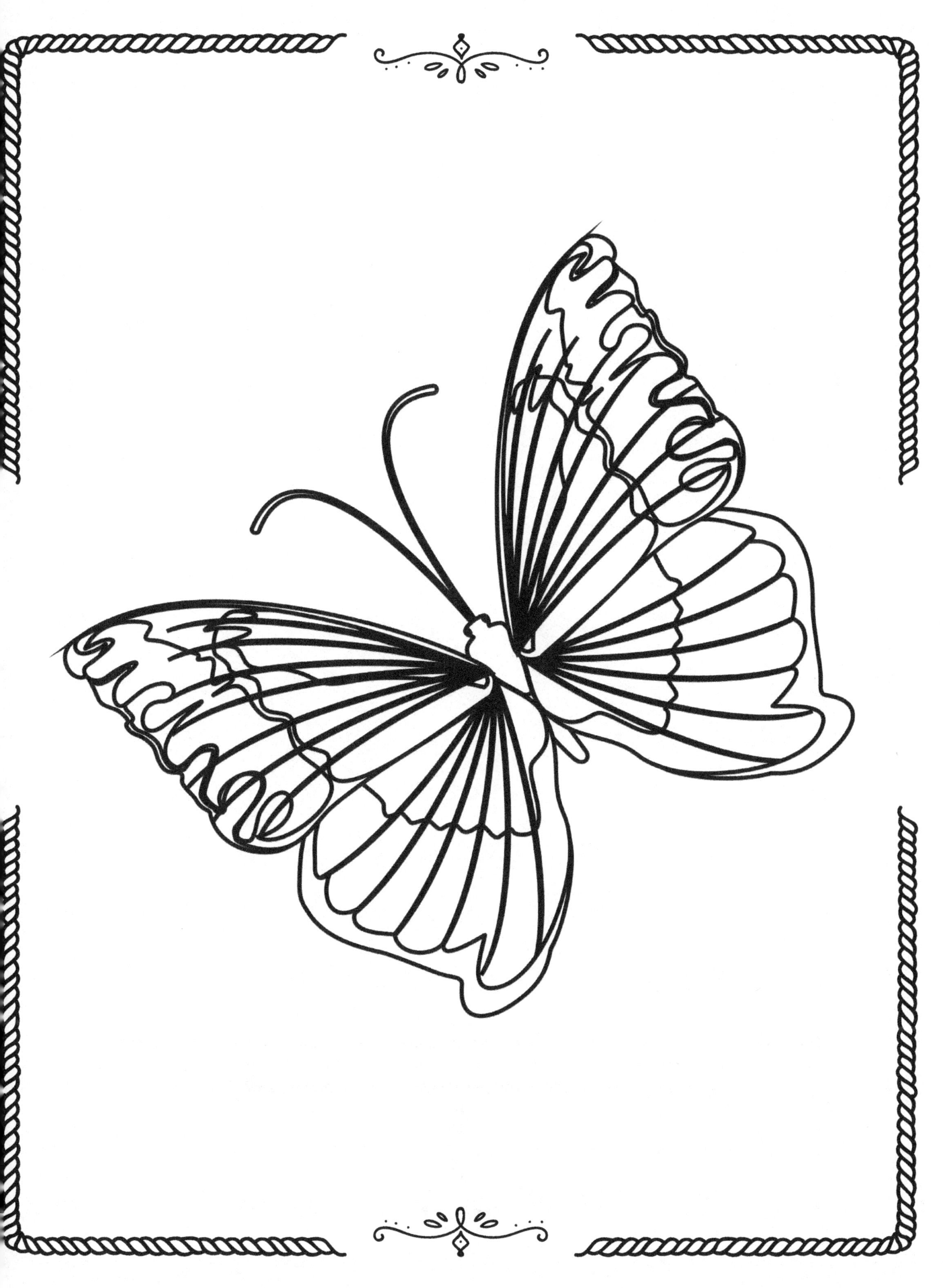

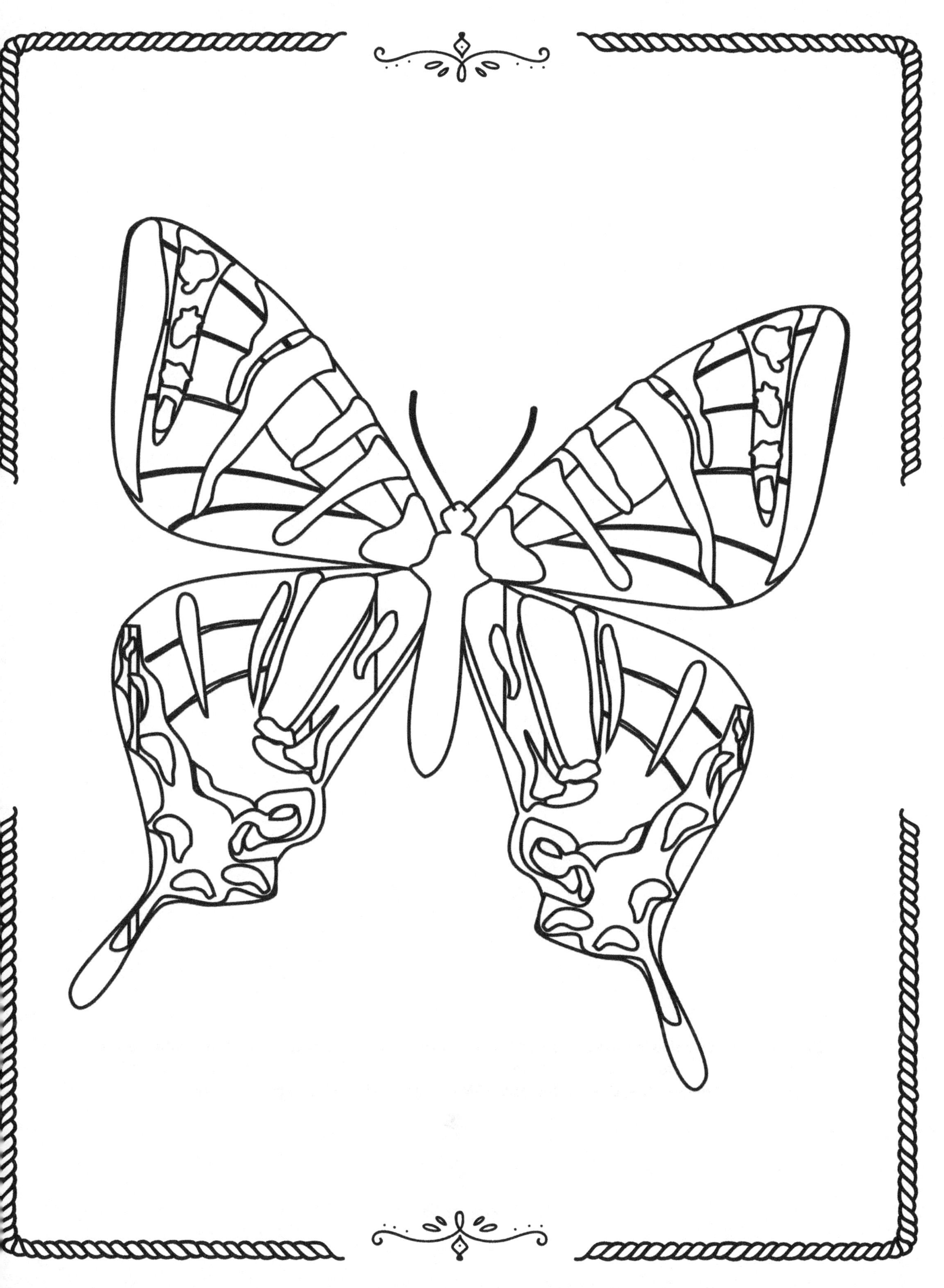

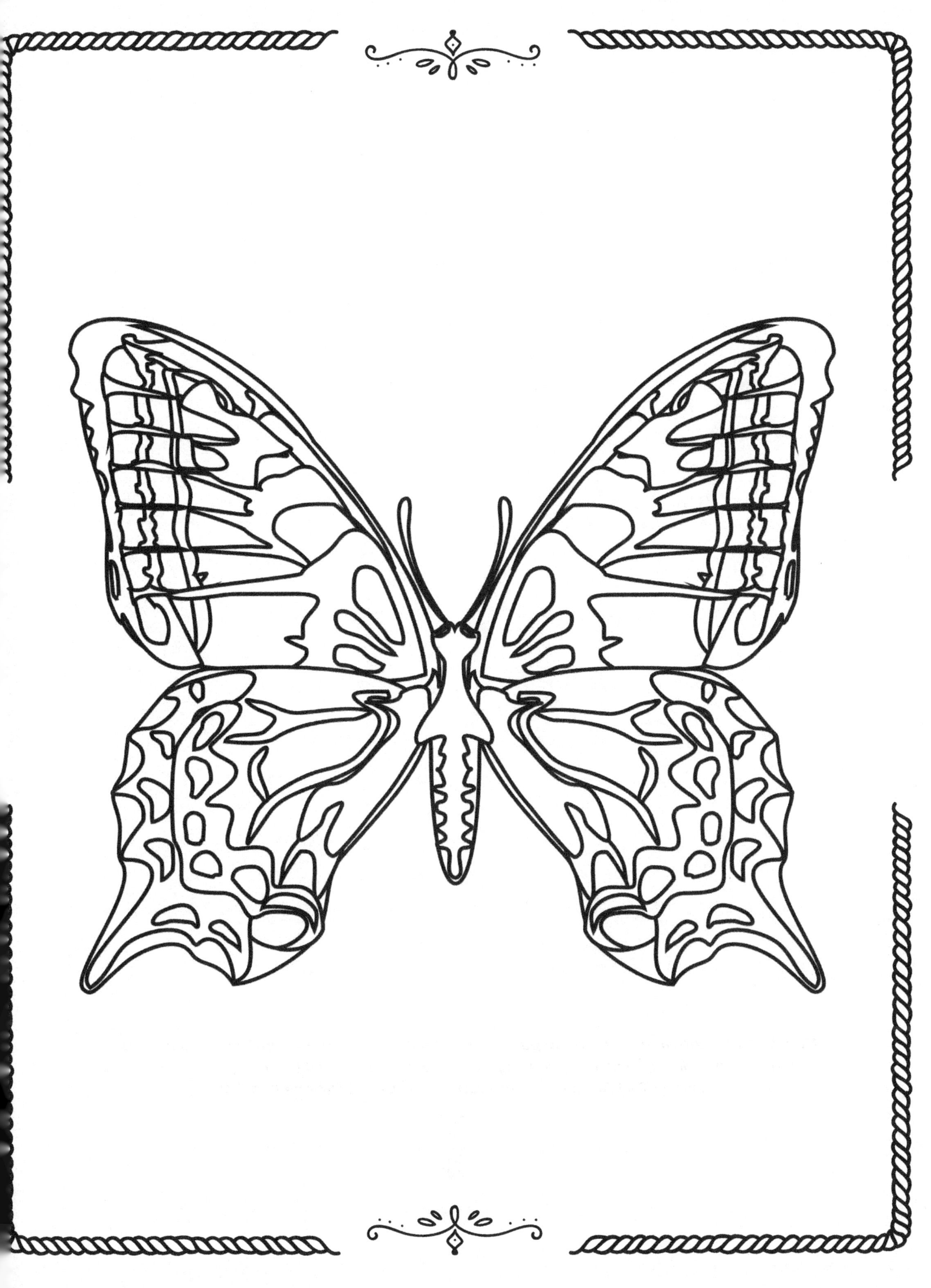

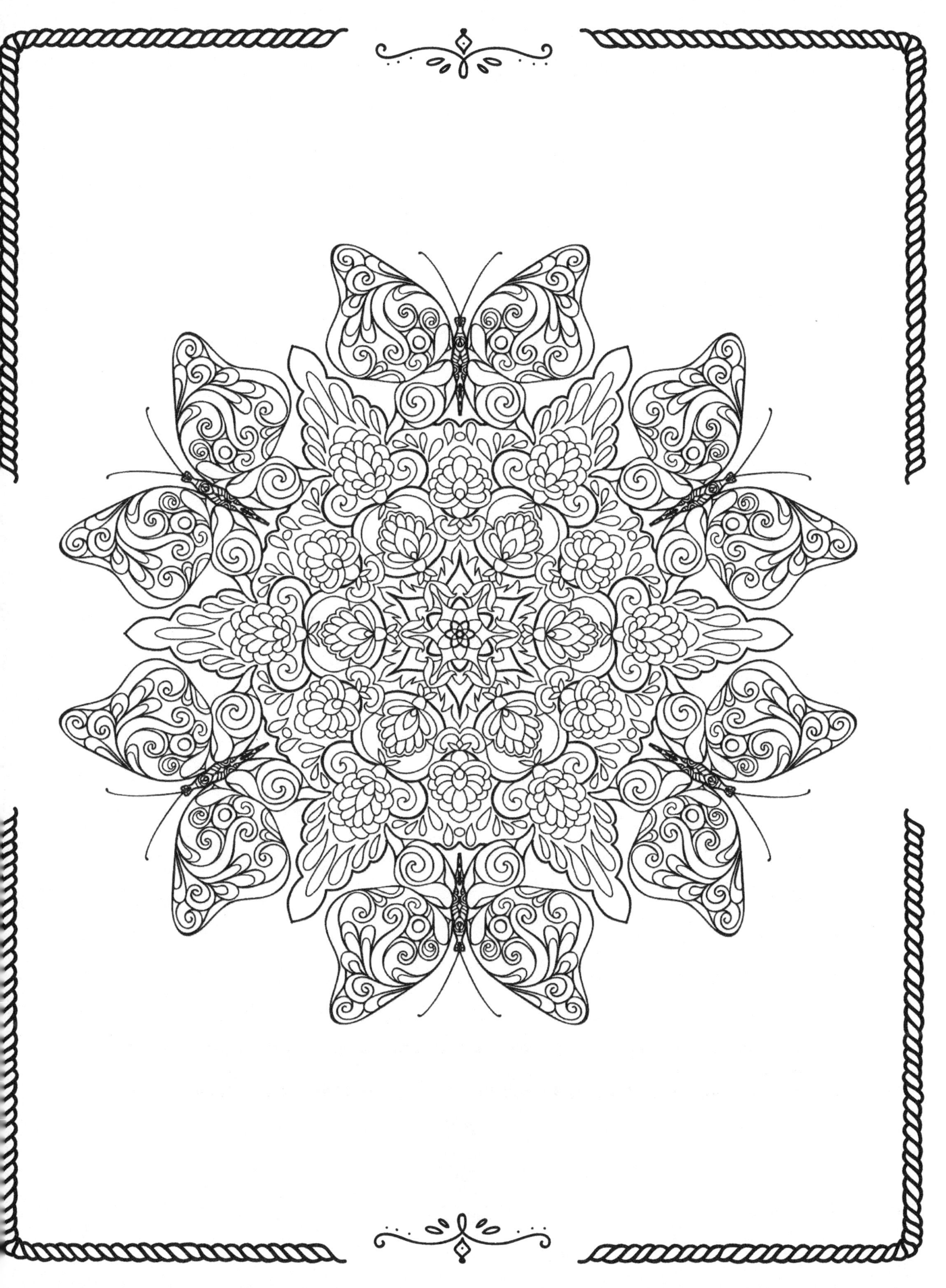

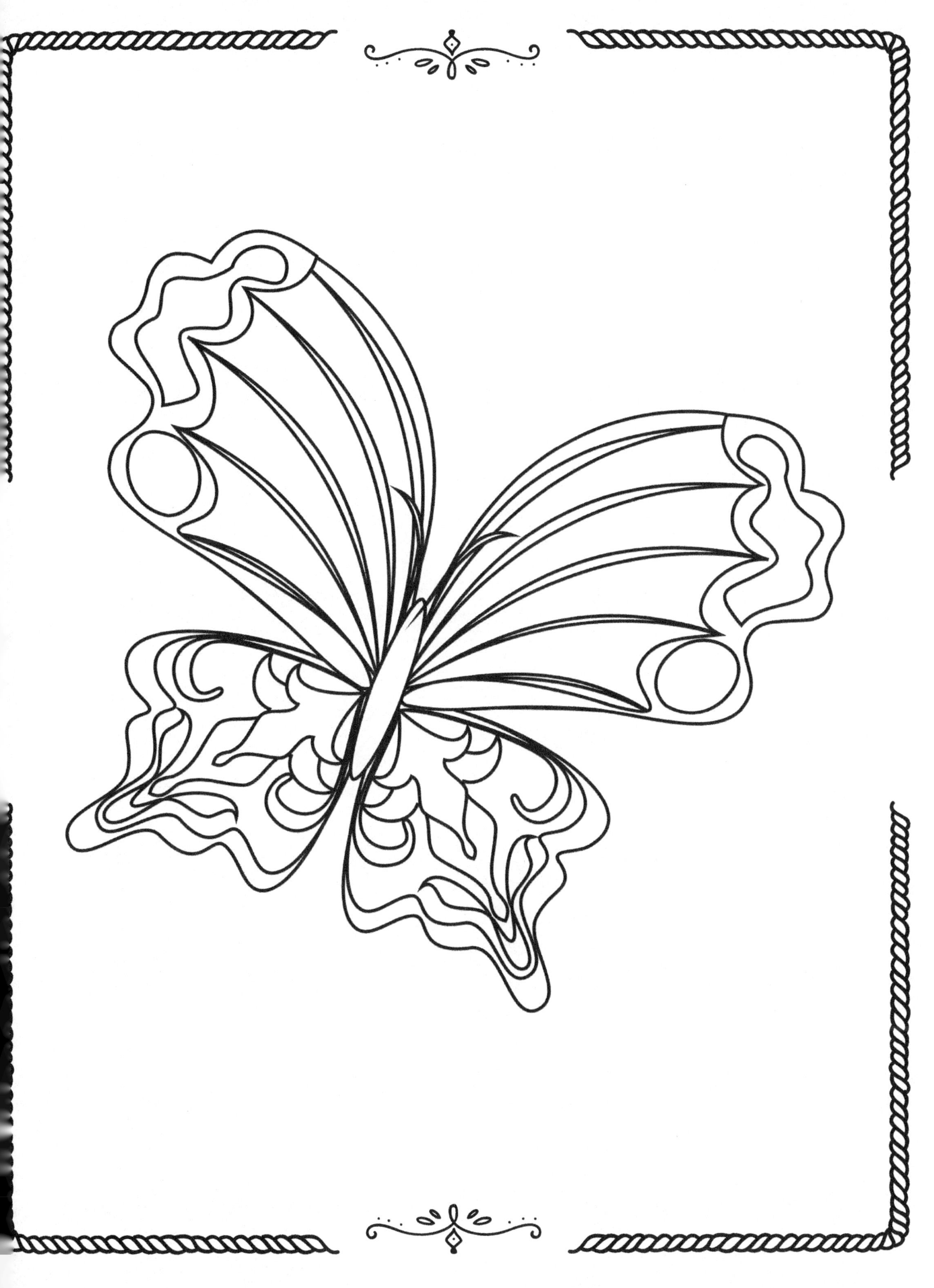

Made in the USA
Monee, IL
07 July 2026

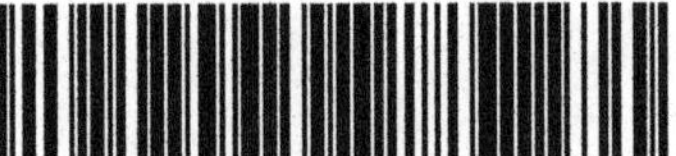

56545384R00037